ROOHDAAR

ADHURE KISSE... MUKAMMAL JAZBAAT

PRANKUR CHATURVEDI

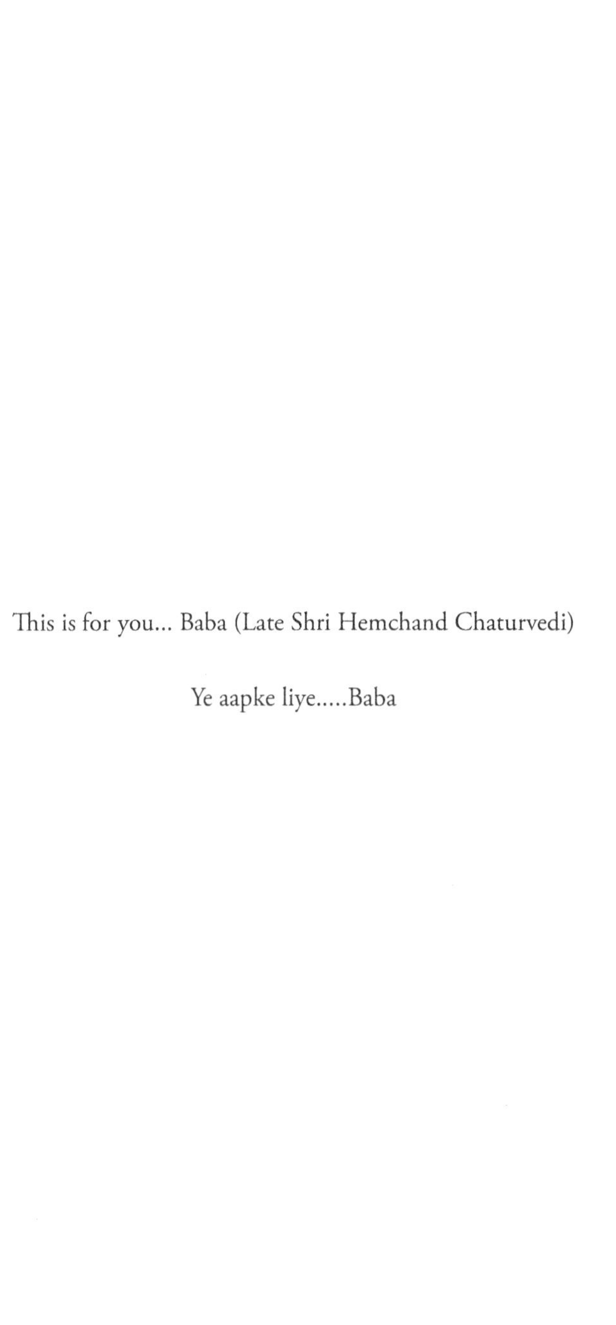

This is for you... Baba (Late Shri Hemchand Chaturvedi)

Ye aapke liye.....Baba

Contents

Contents

1. Aaina aur Asliyat

Subah Subah jab aaina dekh, ghar se nikalne ko tayyar hua,

Saamne kisi ke hone ka mujhe aabhaas hua

Theher Jaao, Tham jaao, zara ruk jaao

Ye vo nahi jo tum chahte ho,

Kya dushmani hai khud se,

Kyun khud ko itna satate ho ?

Aaina dekh mai ghabraya, thoda socha fir chillaya,

Kaun hai jo mujhe pareshan kar raha hai

Mere mann me mere liye hi nafrat bhar raha hai !

Mai vo hun jo tumko tumse behtar jaanta hun

Kya hai tumhari asliyat, ye mai pehchanta hun !

Ab ek aaina mujhe meri asliyat batlaayega?

Chalo shuru karo, abhi tumhara fareb sabke saamne aajayega

!

Jaana bohot jagah chahte ho,

Par pahunch kahin nahi paate ho

Dukhi bhi hote ho agar, dusro ke liye hans jaate ho

Khush rehne ke liye kaam karte ho,

Kaam me khushi na dhund paate ho

Sabke saath hote hue bhi, Viraane se nazar aate ho

Ise baat ko shayad tum samjh bhi nahi paate ho !

Sabse mil jaate ho lekin, khud se na mil paate ho

Kuch paane ki jaldi me, sab kuch tum kho jaate ho

Abhi aur bhaagna hai tumko, abhi aur jaagna hai tumko

Ye sochkar, chain se, so bhi na paate ho

Theher jaao, tham jaao, zara ruk jaao

Ye vo nahi jo tum chahte ho

Kya dushmani hai khud se, jo khud ko itna satate ho !

Mai chup tha, hairaan tha

Ye vo haqeqat thi , jise jaante hue bhi anjaan tha

Yaad karo vo bachpan ke din,

Jab nahi reh paate the tum khush ke bin

Choti choti baaton ko, meethi yaad bana lete the

Apni nanhi aankhon me, kai sapne saja lete the !

Maa ke aanchal ko tum, apna ghar bana lete the

Bifre hokar, kaagaz ki kashti, baarish ke paani me baha dete the

Khwaishein thi, par bojh nahi tha

Dukh tha, par har roz nahi tha

Kaash ruk jaati zindagi, saal khatam na hote

Tum masum hi rehte, yun bade na hote

Zara socho, Kahan se kahan aagye ho

Theher jaao, tham jaao, ruk jaao

Ye vo nahi jo tum chahte ho

Kya dushmani hai khudse, kyun khud ko itna satate ho?

2. Ek Ankahee Dastaan

Kuch chand logon ne ek lakeer si Kheench di hai,

Aur jo baaki bachen hain, Unhone aankh meech li hai

Jo lehren pehle bebaak behti thi,

Ab chup chaap raasta pakad ke nikal jaati hain

Pehle dekhke muskuraati thi, ab nazren churaati hein

Yaad aata hai vo din, jab tumne darker mujhse sawaal kiya tha

Kya koi hai jo hume alag kar sakta hai

Maine muskurakar, baahon me bharkar tumhe apne pass hone ka ehsaas dilaaya tha

Par bhool gaya shaayad, waqt bhi badal sakta hai

Aaana chahta hun tumhare kareeb ek baar,

Par ye bijli ki nangi taaren mujhe tumhare pass aane nahi dengi

Agar bagaawat karunga inse, toh jaan le lengi

Marne se nahi darta hun,

Par use umeed ko khatam nahi karna chahta hun ki hum ek baar phir milenge

Phir ek baar tumhari nazren jab meri nazron se milengi

Toh ye ehsaas hoga ki ye duniya kitni haseen hai

Azaad hai ye aasmaan, azaad hein hum aur azaad ye zameen hai !

3. Lehrein

Ye Lehrein aajkal guftagu karti hain mujhse,
Sawaal bhi puchti hain,
Kehti hain kuch mizaz theek nahi hai tera !
Pehle that u bilkul bebaak hamare jaisa
Par ab rakhta hai khud par pehra
Jaise hum ikhatta hoke behte hein,
Tu bhi usi tarah sabko saath leke chalta tha pehle
Par ab rehna chahta hai akele
TANHAA
Tanhaa hote hue bhi,

Hairat ki baat hai,
Tanhaa hote hue bhi
Khud ke saath nahi guzaar pata hai
EK BHI LAMHAA
Kyun itne aith me hai tu, ya fir pada hai aankhon par parda
Khushi dastak deti hai darwaaze par
Tab bhi
Nahin deta hai usko apne ghar me PANHAAH
Kya dushmani hai khudse, kyun kar raha hai tu khudko
FANAA
Ye Phool bhi aajkal mujhse guftagu karte hein
Kehte hein

Pehle toh tu hamari tarah khil khila ke hansta tha

Aajkal maayus rehta hai

Koi puchta hai agar kuch tujhse,

Kisi se kuch nahi kehta hai !

Apne aasuo ko bhi intezaar karaata hai,

Milne ke liye raat ka waqt deta hai

Sabke saath jhooti hansi haske

Raat ke andhere me, akela rota hai !

Pehle teri mehek bhi hamare jaisi thi,

Log khiche chale aate the, jaane ka naam nahi lete the

Aajkal dur se hi muskurakar nikal jaate hein

Tujhe bhi, vo log... ab jyaada kahan samjh aate hain?

4. Mai, Ek Ladki Hun

Mai jashn mana rahi thi naye saal ka,

Jab tumne kardiya mujhe behaal sa !

Mujhe chune ki izazat tumne mujhse na li,

Par ye ehsaas karane ki koshish thi ki,

Ki tu ladki hai.......darr darr ke jee !

Sharm tum par toh aati hai, par saath saath unpar bhi aati hai

jinhone tumhe jamn diya

Tumhare ku-karmon ka bojh apne sur par liya !

Shaayad bataana bhul gaye tumko ki kaise karte hein samman

ek aurat ka,

Ye bhi ho sakta hai , pata na ho unhe tumhari fitrat ka !

Kher, kuch bojh toh maine bhi apne sur liya hai, tumhari

darindagi ka

Kuch logon ne mujhe hi galat bata diya..

Kyunki mai chote kapde pehenti hun,

Der-der raat tak bahar rehti hun!

Gussa aata hai, roti bhi hun...par akele me,

Kyunki ilm hai mujhe ise baat ka,

Ise zamaane ke saamne mujhe majboot rehna hai

Taaki kal koi khada hoke ye na bole,

SHARM TOH AURAT KA GEHNA HAI

Hadh me unko rehna hai,

Jinhone mujhse bina puche,

Meri hadh tayy kardi hai !

Aur haan, in betuki baaton ka...Ochhe ilzamon ka saamna,

Aaj se nahi kar rhi hun !

Ek arsa hogaya hai!

Kal draupadi banke kiya tha, aaj nirbhaya banke kar rhi hun !

Kal kisi aur roop me, kisi aur naam ke saath,karungi

Lekin karungi zaroor !

Aur fir ek din tumhari mardaangi ko uski asli jagah dikhaake,

Jeet ka jashn manaungi !

Mai ek aur vaad-vivaad ka ahem hissa hun !

Kaun jyada faazil hai

Ladka ya ladki ?

Un sab ladko ko jo khud ko mujhse behtar batate hein

Bas ye puchna chahti hun

Kabhi ghar se bahar nikalne me ghabrahat hui hai?

Kya aesa laga hai koi peeche peeche aayega

Jabardasti chu ke nikal jaayega ?

Mai har din use darr ko peeche chhod kar, ghar se kadam bahar nikaalti hun

Fakr hota hai khudpe...

KI MAI EK LADKI HUN !!

5. Mulaqaat...Ek Ajnabee Se

Ek Ajnabee se use din kuch yun mulaqat hui thi

Pehle nazar mili, fir do pal baat hui thi !

Hame Andesha na tha ise mulaqat ki ahmiyat ka,

Dil kuch deewana sa hua unki maasumiyat ka!

Mehfil me aankhein chaar sare-aam hui thi,

Ek Ajnabee se use din kuch yun mulaqat hui thi

Pehle nazar mili, fir do pal baat hui thi !

Ise mulaqat ko pyaar ka naam dene ke liye dimaag raazi na tha,

Par dimag par dil kuch yun haawi sa tha,

Dil se Dil ko milaane ki kuch ise kadar saazish hui thi,

Ek Ajnabee se use din kuch yun mulaqat hui thi

Pehle nazar mili fir do pal baat hui thi !

Unke milne se pehle shayad anjaan the ishq ke mizaz se,

Khuda se puchte the, kya koi hai, jise haal-e-din byaan kar sake apne Andaaz me,

Use din uske darbaar me itiliza poori hui thi

Ek Ajnabee se use din kuch yun Mulaqat hui thi

Pehle nazar mili, fir do pal baat hui thi

Unke deedar ke liye kuch tarasne se lage the,

Khwaab unke aankhon me ghar karne se lage the,

Ab toh intizaar ki intehaa sabr ke paar hui thi

Ek ajnabee se use din kuch yun mulaqat hui thi,

Humko ye Ehsaas tha, kuch unko bhi hua tha

Shayad ise andaaz ne, thoda hi sahi, unka dil bhi chua tha

Par kaise lage ise baat par mohar, ye mushkil badi thi

Jo ladakpan ki akad thi, unke saamne sab bhaag khadi thi !

Fir ek din, Dimag aur Dil ki behes ko peech chhod kar

Badh chale hum aage

Pucha unse kya jod den, bikhre pade hein jo dhaage !

Ye baat sunkar vo hickichaaye, thoda sharmaaye, thoda muskuraye

Kya hain iske maayne, haan ya na, Vo kashmkash ki Ghadi thi

Ek din Ajnabee se kuch yun mulaqat hui thi

Pehle nazar mili fir do pal baat hui thi !

Dheere Dheere jab baton aur mulaqaton ka daur chala,

Jab ise dil ne unke dil to tatola

Tab thama kahin jaake ye uljhano ka silsila

Vo ek din Muskurakar bole,

Ab hum vo ajnabee na rahe jisse kuch yun aapki mulaqat hui thi

Khushi se ro pada dil, aur raat gulzaar hui thi

Jab unke hoton se hamare ishq ki kadar bayaan hui thi

Ek Ajnabee se use din kuch yun mulaqat hui thi,

Pehle nazar mili, fir do pal baat hui thi !

6. Meri Baat...Uski Laat...Khuda se do do Haath

Kal gaya tha uske darbaar me,

Sheesh jhukaane,

Kuch puchne,

Kuch maangne,

Bohot lambi fehrist thi,

Choti Badi akankshaaon ki,

Kuch maaqol thi,

Kuch na-maaqol si,

Bheed ko cheer kar pahuncha uske saamne,

Kuch puchne, kuch maangne

Mere sawaal tayyar the, Uske jawab jaane ko,

Mere bhram uth khade hue, sach ki gehraai naapne ko

Dekh ise bheed ko, Jo aayi hai tere pass

In sab ke mann me, hai koi aas

Kyu tu use poori nahi karta hai?

Teri wajah se insaan yahan dukh se marta hai

Chandan ka teeka tujhe chahiye

Phuloon ki maala bhi tujhe chahiye

Doodh se snaan bhi tu karta hai

Phir bhi meri khwaaishon ko...ise kadar nazar andaaz karta

hai

Jab maine Pyaar ki guhaar lagaayi

Tune dhutkaara aur fatkaar sunaayi

Jab maine Pyaar ki guhaar lagaayi

Tune dhutkaara aur fatkaar sunaayi

Jab kaam aur paise ki baat aayi,

Tere mukh par khaamoshi thi chaai

Kyu tu mujhe barbaad dekhna chahta hai,

Kyun tera mujhse na koi vaasta hai

Kal gaya tha uske darbaar me,

Apne aakrosh darj karaane

Kuch puchne....Kuch maangne

Jawaab sunne ki betaabi me, sawaal me puchta gaya

Uski chuppi dekh kar...thoda sa ruth ta gaya

Ye chuppi teri kaayarta darshaati hai,

Tu kya mujhe samjh paayega,

Ye bheed jo tujhe pujti hai,

Jald hi tera sach..in sab ke saamne aajaayega

Kya khatam hogaye shabd,

Ya aur tiraskaar karna baaki hai?

Zara dhyan laga ...aur dekh ise manzar ko

Ye tere andhvishwaas ki jhaanki hai

Jo phool todkar tu mere liye laaya tha

Kya socha une pattiyon ke baare me, jinki vo chaaya tha

Ek maali ne use khoon paseene se seencha tha

Jis bhaware ne use khilaaya, tune uska ghar usse cheena tha

Aur gareeb ko dukhi dekhkar use din me bohot roya tha

Jab tune mujhpar *chappan* bhog chadaya aur vo bhooka hi soya tha

Tu mandiro me mujhe dhundta hain, har kisi se mera pata poochta hai

Tere ander hun mai, ye kyun na tujhe soojhta hai

Tu aaj yahan mujhse mera *astitva* poochne aaya hai

Murkh, tere saath chalta mera saaya hai!!

Ja mehnat kar..tere karma hi tujhe raasta dikhayenge

Jo bina mehnat kiye, yahan aagaye hai....raasta bhatak gaye hein vo

Kahin nahin pahunch paayenge

Acha hua kal gaya uske darbaar me,

Sheesh jhukaaane,

Samajh paaya mai ise jeevan ke maayne,

Kuch Jaane.....kuch Anjaaane !

7. Ishq ka Nisaab

Ise baar ke Nisaab me,
Bas Ishq ki Baat Hogi
Ek Chaand hoga falak par,
Aur dusre ki khwaaish
Sar-e-baam hogi
Ise Khuda ki barkat kahunga
Ya Mere Ishq ki Raghbat
Jo tum Aashiyaane me aaoge,
Toh ye Haseen Raat Gulzaar Hogi
Ise Baar ke Nisaab me,
Bas Ishq ki Baat Hogi!!

8. Kya tumko ye Maalum Hai?

Kya tumko ye maalom hai,
Ki mujhko bhi maalom hai,

Yun jo thoda muskuraake nazren churaana,
Kuch dur jaake, Pass bulaana,
Kal yaad rakhna, aaj bhool jaana
Ise dil ko apna aashiyaan banana,
Baar baar yun ise kadar mere ishq ko aazmaana
Deedar-e-husn ke liye beh rehmi se tadpaana

Adaa nahi hai tumhari,
Ek saazish hai,

Par jo nahi pata vo baat hai ye

Ki ise saazish me khud shikaar hojaana,
Khud se jyaada tumhari nazron par aitbaar karna,
Baaton ke zariye, jazbaaton ki numaaish karna,
Duriyon me yun nazdeekiyon ka intezaar karna,
Tumhari muskuraahat ke liye ise dil ko bekarar rakhna,
Chand palo ki mulaqat ko sadion tak yaad rakhna

Haan....Ye Meri Khwaaish hai !

Kya tumko ye maalum hai,
Ki mujhko bhi maalum hai ?

9. Chaar Deewaron ke Beech

Band kamron me baith kar,

Kai martaba sochta hoon tumhare baare me,

Chaar Deewaron ne sawaal kiye hain,

Daanta hai kai baar

Ki kyun jaane diya tumhe use paar

Jahan mai nahin aa sakta abhi

Par apne alfaazon ka dam ghot ke rakhta hun mai,

Ek ek hi shinaaft karke, seene ki kaal kothri me daal deta hun,

Kisi ki koi sunwaayi nahi hai ise seene me,

Bas tumhari hai,

Isliye tumko sunta hun une band kamron me,

Chaar deewaron ke shorgul ke beech

Agar Samandar laanghne padhte

Pahad chadhne padhte

Toh kuch aur baat thi

Ye poori zindagi kaatni padegi

Tumse doobara rubaru hone ke liye

Jitni saza dun kam hai khudko

Tumko khone ke liye

Band kamron me baith kar,

Kai martaba sochta hoon tumhare baare me!

• 17 •

10. Tum Kya Ho?

Tum meri Amaanat ho kya ?
Tumhe hamesha sambhaal kar
rakhne ka jee kyun karta hai ?

Tum meri Ibaadat ho kya ?
Tumhara hona, khuda ke hone ki gawaahi kyu deta hai ?

Tum mera haunsla ho kya ?
Tumhaara saath jeetne ka bharosa kyun deta hai ?

Tum meri manzil ho kya ?
Har raasta tumhare tak pahunchne ka zariya kyun hota hai ?

Tum meri hasrat ho kya?
Hamesha tumko paane ki chah kyun rehti hai ?

Tum meri Mohabbat ho kya ?
Tumhari galtiyan bhi mujhe tumse ishq karne ki wajah kyun
deti hain?

Ye jo tumne sikhaaya hai, Pyaar hai kya ?
Ab kambakht har rakeeb bhi mera yaar kyun lagta hai !!

11. Yaadon ka Huzoom

Kabhi Raat Sulagti hai,
Kabhi ye Din jalta hai,
Tumhari yaadon ka jab-jab,
Ek huzoom sa chalta hai !

Ye Dil tumhe kabhi manjoori se yaad karta hai,
Toh kabhi majboori ka sahara leta hai,
Na jaane ander hi ander kya-kya sehta hai,
Yun kareeb na hona, ise aaj bhi khalta hai !
Tumhari yaadon ka jab jab, ek huzoom sa chalta hai!

Kabhi ye khayaal bhi aata hai.. ki ise Dil ko thoda khudgarz
banaaya jaaye,
Taaki laakh koshishon ke baad bhi.....tumhari yaadon ko ye
na dhund paaye !

Koshishen ki hai maine, par sirf naa kaam hone ke liye,
Jaise tumko paane ki thi,
Sirf tumhe khone ke liye !

Par itni buri bhi nahi hain tumhari yaadein,
Tumse toh kam hi buri hein,
Agar jaati bhi hein,

Toh phir laut kar aa jaati hain,
Aur mujhe wahin khada paakar,
Mann hi mann muskuraarti hain,

Kyun Dil ke kisi kone me,
Ab bhi se vo adhura khwaab panapta hai,
Tumhari yaadon ka jab jab,
Ek huzoom sa chalta hai !

12. Izhaar

Meri Ghazal bhi tum ho,
Uska Unwaan bhi tum ho,
Tumhari hansi se hua tha jiska aagaz,
Vo Daastaan bhi tum ho!!

Meri Mohabbat ka Shabab bhi tum ho,
Usko geeton me pirone wala rabab bhi tum ho!!
Mere sarfire sawaal bhi tum ho,
Une sawaalon ka jawaab bhi tum ho!!

Mere hauslon ki parwaaj bhi ho,
Aur ashqon ki hamraaj bhi tum ho,
Jo nazron ne kaha hai
Aur sirf mere dil ne suna hai
Vo jazbaaat bhi tum ho !!

13. Gehraiyaan

Kal bhi utni hi yaad aayi thi tum,

Jitni aaj aayi ho,

Kinaaron ki parwaah nahi hai ab,

Bas doobne ja junoon sawaar hai,

Maano saagar ki Gehrayi ho !!

Aesa nahi hai ki bohot baatein karni hai tumse,

Bas jee bhar kar dekhna hai,

Par kitna bhi dekh lun ....jee nahi bharega,

Ye ise dil ka kehna hai,

Kashmkash jaari hai tumhe peeche chhod dene ki,

Une sab raaston par, jahan tumhari parchaai hai, unse muh

mod lene ki

Dikhaava kar bhi leta hun kabhi kabhi

Ki kaat ke daal diya hai ise mohabbat ko jalte alaav mai maine,

Par taaren abhi bhi uljhi hain tumse,

Jehen me ab bhi tum hi samaayi ho,

Kal bhi utni hi yaad aayi thi tum,

Jitni aaj aayi ho,

Kinaaron ki parwaah nahi hai ab,

Bas doobne ka junoon sawaar hai,
Maano Saagar ki Gehrayi ho !!

• 23 •

14. Darwaaza

Aaj phir se ek baar,
Bin bulaaye
Chupke se,
Jazbaaton ne
Mere ghar me dastak di hai !

Raha nahi jaata inse bhi,
Har kuch dinon me,
Aa hi jaate hein mera haal puchne
Usi tarah, jis tarah kabhi vo pucha karti thi!

Mai jaane ko keh bhi dun agar,
Ye jazbaat paer jama kar baith jaate hain,
Ki raat ka khaana aaj saath hi khaayenge,
Usi tarah jaise kabhi vo khaaya karti thi !
Aur fir, ghar ke neeche,
Chaand ki maujudgi me
Haathon me haath daale
Aangan me saer karenge

Phir bahar chhod aaunga ine jazbaaton ko,
Aur darwaaza kas ke band kardunga,
Par har baar ki tarah,

"

Ise baar bhi

Jazbaaton ke ander aane ki vo thodi jagah chhod dunga,
Kyunki shayad,
Waise hi,
Chupke se,
Bin bulaaye,
Vo bhi kabhi,
Usi darwaaze se aaya karti thi !

15. Adhuri Ankahee Baatein

Kuch Adhuri,
Kuch Ankhaee
Baatein hain...Meri aur Tumhari
Jiska Ilm bhi Din ko nahin hai
Part Raat ki Chaadni
Taaron ki Zubaani
Sab Keh Jaati Hai!!

16. Tum Milti ho Mujhse

Tum milti ho mujhse ab bhi,
Usi jagah par,
Jahan bandishen kabhi nahin pahunch paati thi,

Kareeb tum hoti thi,
Aur duriyon ko maayus lauta deti thi,
Mere sawaalon ke jawaab me sawaal kiya karti thi,
Aur mere jawaab ka intezaar na karte hue,
Mere jazbaaton ko apne dil se laga leti thi!!

Kayi baar lagta tha,
Ki shayad tum aaj nahi aaogi,
Ya kahin aakar jaldi chali toh nahi gayi,
Par har baar mere darr ko tum,
Apni paayal ki awaaz se,
Hauslon me tabdeel kardeti thi,

Tum milti ho mujhse ab bhi,
Usi jagah par,
Jahan bandishen kabhi nahin pahunch paati thi,

Par,

Ab wahan tum akeli nahi milti ho!

17. Pehra

Tumhara khayal,
Jab bhi mere jazbaaton se milta hai,
Toh aksar unhe Azaad hone ki nasihat dekar jaata hai!

Kambakht ye kahan samajhta hai,
Agar koshish bhi karein vo,
Is Qaid se Azaad hone ki,

Toh labhon ke Pehredaar,
Alfaazon par apni Giraft aur mazboot kardete hain!

18. Mere Sheher Mein

Mere Sheher me,
Ab ek sannata sa chaaya hai,

Kaali Gehri raat ho jaise,
Aur Hawaa ka jhonka,
Yadoon se milne ki,
Fariyaad laaya hai!!

Mere Sheher me,
Ab ek sannata sa chaaya hai!

Hansti khelti galiyaan,
Jinse pehle Waqt-Bewaqt..
Mulaaqat ho hi jaati thi,
Nukkad ke kisse ko,
vo galiyaan,
bazaar tak le aati thi!!

Suna hai wahan,
Ab Akelepan ka saaya hai,
Mere sheher me,
Ab Ek Sannata sa chaaya hai!!

Pehle darwaaze par aahat se,
Jo Khidkiyaan chehek jaaya karti thi,
Ab maayus si rehti hain,
Kisi se kuch nhi kehti hain,

Ab kahan koi poochta hai unse,
ki "Kaun aaya hai?"
Mere sheher me,
Ek Sannata sa chaaya hai!!

Ghar ki deewaron ko,
Ab bhi umeed hai,
ki wahi awaazein,
ek baar phir sunaayi dengi,
Tasveeron ko zariya banakar
Jazbaaton ki mehfil jamegi,
Par ....
Ek aur saal intezaar karne ka,
Paigaam aaya hai

Mere Sheher me,
Ek Sannata sa chaaya hai,

Kaali Gehri raat ho jaise,
Aur Hawaa ka jhonka,
Yadoon se milne ki,
Fariyaad laaya hai.

Mere Sheher me,
Ek Sannata sa chaaya hai!!

19. Sifaarish

Taaron ko,
Har baar,
Sifaarish karta hoon,
Ki tumhari maujudgi ke ehsaas ko,
Samet kar rakhein,
Bilkul waise hi,
Jaise use mulaqat ko,
Samet kar rakha hai,
Apne dil me maine !!

Chup Chup ke,
Hanste honge
Ye bhi,
Apne Ishq ki Daastan likh raha hoon mai,
Kisi aur ke Rehmo- Karam par !!

20. Shikaayat

Meri Shikaayat ko bhi tum Ishq hi samajhna,
Use Naarazgi ke paimaane par mat parakhna!

Har Raat Shayad ek Jaisi na Hogi,
Kuch baatein talkh mizaz ki bhi hongi.

Par,
Mere jazbaaton ko tum,
Une baaton se thoda upar hi rakhna,

Aur sirf meri Nazron ko dekhna,
Jisme Mohabbat ka izhaar bhi hoga,
Aur haath pakad ke hamesha saath chalne ka vaada bhi,

Muh pher bhi lo mujhse,
Par har baar ki tarah,
Phir ek baar,
Muskuraake tum palat na,

Meri Shikaayat ko bhi tum Ishq hi samajhna,
Use Naarazgi ke paimaane par mat parakhna!

21. Kya Dhoond Rahe Hain Hum?

Kya Dhoond rahe hain hum,

Sach ko?

Maut ke alaawa koi aesi sacchai hai jise samajh paaye hain

hum poori tarah se?

Maut ko bhi kahan samajh paaye hain,

Bas Koshish karte hain

Ek Nakaam Koshish

Jo nahi mila... Ya jo mil sakta hai,

Uski talaash rehti hai

Par jo Mil gaya,

Usko samjhane ka,

Sanjone ka,

Waqt kahan hai hamare pass?

Shayad Waqt nikaal sakte hain,

Par nazarandaaz karna hi behtar samajhte hain,

Kyunki jo haasil ho jata hai,

Usse toh meelon aage badh jaate hain hum,

Ek nayi aarzoo ke saath,

Thamte nahi hain hum,

Na jaane rukna kyun haarne jaisa lagta hai hume,

Kisne banaya hai ye *mistar*?

Kya kabhi ruk ke jeetne ka ehaaas hua hai kisi ko,

Agar hua hai,
Toh Vo ek Sach hai Shayad,
Bas hum usse waakif nahi hain,
Kyunki shayad hume hi nahi pata,
Aur na kabhi pata hoga,
Ki kya dhoond rahe hain hum?
Aur jab ye nahi pata,
Toh Kuch bhi dhoond len,
Ise talaash ka koi Anjaam nahi hoga!!

22. Tumhe Pata Hai Na?

Tumhe pata hai na,
Ki meri Kavitaayein,
Mere Khat hain,
Tumhare Naam
Nazm ki shuruat tumse hoti hai,
Meri Ghazal ka unwaan tum ho,
Har Qasida tumhe Bayaan karta hai,
Mere Geeton ki Pehchaan tum ho
Tumhe pata hai na,
Ki meri Kavitaayein,
Mere Khat hain,
Tumhare Naam !!

23. Rooh

Jab Rooh saath chhodne ki baat kare,

Kahe ki ab aur nahin seh sakti main,

Ye roz roz subah uthke zindagi se jhujhana,

Logon ko hasnta hua dekh,

Ander hi Ander rona,

Khud ke ateet ko talaashna,

Astitva ko har gali-chauraahe par khojna,

Logon se aankhein churaana,

Khud se shikwa karna,

Apne beemar sawaalon ke jawaab poochna,

Jiske badle jawaab nahin, bas hamdardi hi milti hai,

Toh dedena tassali use Rooh ko bhi,

Ki ye kashmkash ka silsila jald hi thamega,

Vo ateet fir ek baar vartmaan bankar lautega,

Logon ki hansi-thitoli me khud ko shaamil karne ka jee karega,

Khud se phir ek baar mohabbat hogi,

Poori firse sab hasrat hogi,

Har sawaal ka jawaab tujhe khud hi milega,

Jab ye murjhaya hua chehra phir se Khilega!

24. Tumhara Zikr

Mai Aksar baatein karta hun tumse,

Meri har baat me Zikr bhi tumhara hota hai,

Mujhe Fikr bhi tumhari rehti hai,

Aur Hijr ka darr bhi

Par Kuch hai,

Jo hamesha saath rehne ka,

Bharosa deta hai

Maine hamesha tumhe,

Mujhe,

Hamein

Une Kaale saayon se dur hi paaya hai,

Wahi asal jagah hai hamari,

Haan Wahan,

Chaand ki roshni me,

Taaron ki maujudgi me,

Mai Askar baatein karta hun tumse

Chalo aaj,

Tum bolo,

Mai sununga,

Par meri khaamoshi me bhi,

Zikr Tumhara hi hoga!

25. Kyun?

Izhaar ki Keemat,
Iqrar se kyun lagate ho tum?

Mukammal jazbaat ko,
Adhura khwaab kyun batate ho tum?

Kadmon ko Mohabbat toh raaston se hai,
Sirf manzilon ke kisse kyun sunaate ho tum?

Har Kashti ka rishta samundar se hai,
Use Kinaaron se kyun mitate ho tum?

26. Ghar

Ghar banana chahata hun ek aesa,
Jisme Tum ho,
Main hoon,
Par vo Kahaniyaan na ho,

Haan wahi kahaniyaan,
Jisme log aksar milkar,
Bichad jaaya karte hain

Ibtida-e-ishq mein hanste hain,
Phir taa-umr Rokar,
Zindagi ko zaaya karte hain!
Ghar banana chahata hun ek aesa,
Jisme Tum ho,
Main hoon,
Par....

27. Ehsaas

Ise Tijaarat ki Duniya me,
Ek aas banke,
Tum aaye ho
Jo saath apne,
Mohabbat ki mehfil laaye ho

Zara theher jaao,
Thoda aur nazdik aao,

Itminaan se tassali toh hojaaye,
Ki ye Khwaab nahi haqeqat hai,
Ye Ishq ka Paigaam,
Mere naam hi hai
Jise padhke tum muskuraaye ho !!

Ise Tijaarat ki Duniya me,
Ek aas banke,
Tum aaye ho !!

28. Tum aur Mai

Tumhare aur mere darmiyaan,
Kyon ye lakeer hai?

Kya tum anjaan ho,
Ya hun mai bekhabar
Khwaahishon ka pehra hai,
Jazbaat ab bhi Kareeb hain

Kyun ab bhi mujhe parchaaiyon me,
Tumhara chehra nazar aata hai?

Ab bhi mujhe tanhaayion me,
Saath bitaaye har pal ki ghazal kyon sunaayi deti hai?

Har Waqt tumhara intezaar,
Ise dil ko kyon rehta hai?
Kyon ye har Lamha,
Tumhare aane ki Umeed me rehta hai?

Ye mere kuch sawaal hain,
Jinka jawaab
Shayad mai tumse abhi nahi chahata

Ye duriyon aur jazbaaton ki jung hai,
Bas itni iltija hai,
Agar munaasib jawaab mil jaaye

Ittilaa zaroor karna?

Mera pata abhi wahi hai,
Jahan tumse pehli baar mila tha!!

29. Jhonka

Ek Hawa ka Jhonka,
Guzra tha meri Gali se
Laga uski aahat ho jaise
Shayad ek baar phir,
Dabe paaon aayi ho
Mere Humnafas ki rooh odh kar!
Par ye Jhonka sirf uski yaad bankar aaya
Une saare Lamhon ko Samet Laaya
Jab Saath rehne ke Sukoon ko
Lafz Nahin Nazrein Bayaan Karti thi
Jab Mohabbat ka Daayra Waqt Tay Nahin Karta tha,
Jab Saath Chalne ka Junoon bhi tha,
Aur Saath Theher Jaane ki Khwaaish bhi
Jab Mukammal Jahan ki Talaash,
Mehtaab ki Chandni me poori hoti thi
Mehtaab toh aaj Shaam bhi Niklega,
Aaj Shayad mai pehle se Intezaar bhi karunga,
Kya vo Hawaa ka Jhonka phir guzrega meri Gali se?

30. Vo Daur

Tumne Poocha tha use Daur ke baare me,
Jab Mohabbat Aankhon se Bayaan Hoti thi,
Agar Aankhon me dekhke poocha hota
Toh Samajh Jaati,
Vo Daur kahin gaya nahin hai!

31. Azaad Parinda

Na Manzil ka Pata hai,
Na Raaste ki Parwaah hain,
Bas Sukoon ki Talaash mein Nikal Gaya hoon,
Chalta hun, Girta hun, Uthke phir chal padta hoon,
Sach kahun toh udne ki chaah bhi rakhta hoon
Jise Sarhadein na Rok Paayein,
Mai vo Azaad Parinda hoon!

32. Shikaayat

Jo na milne ki shikaayat karte hain mujhse,
Unhe ye bhi pata ho,
Aajkal khud ko Waqt deta hoon,
Khud se milne ke liye!

33. Talaash

Talaash unki hai jo Ghumshuda hain,

Pehle thi parwaah unko,

Ab vo beparwaah hain,

Milenge toh poochenge ise ruswaayi ki wajah aakhir hai kya,

Aankhein chura ke boldenge hum Sharminda hain,

Talaash unki hai jo Ghumshuda hain!

34. Ameer Khwaab

Jab Jab bhi Sheher Mehenga Hua hai,
Khwaabon ke Mehlon ki Keemat badh gayi hai
Haqeqat me nahi toh kya,
Khwaab toh Ameer hua hai?

35. Kahani

Ye Jo Kahani hai meri aur tumhari,
Do Lafzon me kahan sama paayegi
Shururat ek Nazm se bhi karunga agar,
Likhte Likhte poori Kavita ban jaayegi!

36. Jo Tum Nahi Ho

Din ka har ek pal

Tijori se nikaake,

Duniya ke saamne rakh deta hun

Raat yaadon ke saath guzarti hai,

Jisme tum bhi rehti ho

Ab Ishq nahi karta hun tumse,

Haan usse jarur karta hun,

Jo ab tum Nahi ho!

37. Tumhara Sawaal

Tum har baar poochti ho na mujhse,
Ki kyun mohabbat karta hoon tumse,
Iska Jawaab use Muskuraahat me hai,
Jise muskuraahat ke saath tumne ye sawaal kiya tha!

38. Gehra Sannatta

Kaale,

Gehre Sannate,

Jinhe Dekhkar...Aksar darr jaate ho tum,

Vo Humnafas,

Humsaaye ki tarah,

Saath chalte hain Har Waqt

Vo Dillagi kar baithe hain mujhse,

Par Mera Ishq toh Chiraagon me basa hua hai

Intezaar uske Mukammal hone ka hai,

Kaale saayon ki bewafaai ke kisse toh mashoor hain ise Sheher

main!

39. Ibaadat

Kehte ho Mohabbat Jisko,
Ibaadat hai Vo,
Izhaar-e-wafa,
Aur Aayat me Farq,
Rooh ko Mehsoos hota hai!

40. Bas Kuch Sher-o-Shayari

Mai Nafrat bhi Sharaafat se karta hun,
Tum Mohabbat me Beimaani kar jaate ho?
****

Har baat ki teh tak jaane ki jarurat kya hai?
Ishq hai tumse toh hai,
Jataane ki Jarurat kya hai?
****

Ine Ashqon ki bas ab itni si kahaani hai,
Mohabbat ab bas Lafzon me simat ke reh jaani hai!
****

Shikwa karein toh karein kaise,
Ise Dil par unka kabzaa hai
Agar Dhadakna band karde
Toh Mushkil Hogi!
****

Kehte ho Mohabbat Jisko,
Ibaadat hai Vo,
Izhaar-e-wafa,
Aur Aayat me Farq,
Rooh ko Mehsoos hota hai!
****

Aksar baatein karta hoon tumse,

Aksar chup bhi ho jaata hoon

Jo daastaan lafz na keh paayein,

Vo Khaamoshi se bayaan karta hoon!

****